赫拉克利特的秘密

〔法〕严·马尔尚 著

〔法〕多纳西恩·玛丽 绘

胡庆余 译

人民文学出版社
PEOPLE'S LITERATURE PUBLISHING HOUSE

著作权合同登记号 图字 01-2020-2292

Les mystères d'Héraclite
©Les petits Platons,Paris,2015
Design:Yohanna Nguyen
Simplified Chineses edition arranged through Dakai Agency Limited
ALL RIGHTS RESERVED

图书在版编目（CIP）数据

　　赫拉克利特的秘密 / (法) 严·马尔尚著；(法) 多
纳西恩·玛丽绘；胡庆余译. -- 北京：人民文学出版
社, 2022
　　（小柏拉图）
　　ISBN 978-7-02-016678-7

　　Ⅰ.①赫... Ⅱ.①严... ②多... ③胡... Ⅲ.①赫拉克
利特(Heraclitus 前540-前470)—哲学思想—少儿读物
Ⅳ.①B502.13-49

　　中国版本图书馆CIP数据核字(2020)第198091号

责任编辑　　卜艳冰 汤　淼
装帧设计　　李　佳

出版发行　人民文学出版社
社　　　址　北京市朝内大街 166 号
邮政编码　　100705

印　　　刷　凸版艺彩(东莞)印刷有限公司
经　　　销　全国新华书店等

字　　　数　30千字
开　　　本　720毫米×1000毫米　1/16
印　　　张　4.125
版　　　次　2022年1月北京第1版
印　　　次　2022年1月第1次印刷

书　　　号　978-7-02-016678-7
定　　　价　42.00 元

如有印装质量问题, 请与本社图书销售中心调换。电话:010-65233595

让小·柏拉图结识大柏拉图

——《小柏拉图》丛书总序

周国平

我喜欢这套丛书的名称——《小柏拉图》。柏拉图是西方哲学的奠基者，他的名字已成为哲学家的象征。小柏拉图就是小哲学家。

谁是小柏拉图?我的回答是：每一个孩子。老柏拉图说：哲学开始于惊疑。当一个人对世界感到惊奇，对人生感到疑惑，哲学的沉思就在他身上开始了。这个开始的时间，基本上是在童年。那是理性觉醒的时期，好奇心最强烈，心智最敏锐，每一个孩子头脑里都有无数个为什么，都会对世界和人生发出种种哲学性质的追问。

可是，小柏拉图们是孤独的，他们的追问往往无人理睬，被周围的大人们视为无用的问题。其实那些大人也曾经是小柏拉图，有过相同的遭遇。一代代小柏拉图就这样昙花一现了，长大了不再想无用的哲学问题，只想有用的实际问题。

好在有幸运的例外，包括一切优秀的科学家、艺术家、思想家等等，而处于核心的便是历史上的大哲学家。他们身上的小柏拉图足够强大，茁壮生长，终成正果。王尔德说："我们都生活在阴沟里，但我们中有些人仰望星空。"这些大哲学家就是为人类仰望星空的人，他们的存在提升了人类生存的格调。

对于今天的小柏拉图们来说，大柏拉图们的存在也是幸事。让他们和这些大柏拉图交朋友，他们会发现自己并不孤独，历史上最伟大的头脑都是他们的同伴。当然，他们将来未必都成为大柏拉图，这不可能也不必要，但是若能在未来的人生中坚持仰望星空，他们就会活得有格调。

我相信，走进哲学殿堂的最佳途径是直接向大师学习，阅读经典原著。我还相信，孩子与大师都贴近事物的本质，他们的心是相通的。让孩子直接读原著诚然有困难，但是必能找到一种适合于孩子的方式，让小柏拉图们结识大柏拉图们。

这正是这套丛书试图做的事情。选择有代表性的大哲学家，采用图文并茂讲故事的方式，叙述每位哲学家的独特生平和思想。这些哲学家都足够伟大，在人类思想史上产生了巨大而深远的影响，同时也都相当有趣，各有其鲜明的个性。为了让读者对他们的思想有一个瞬间的印象，我选择几句名言列在下面，作为序的结尾，它们未必是丛书作者叙述的重点，但无不闪耀着智慧的光芒。

苏格拉底：未经思考的人生不值得一过。

第欧根尼：不要挡住我的阳光。

伊壁鸠鲁：幸福就是身体的无痛苦和灵魂的无烦恼。

笛卡儿：我思故我在。

莱布尼茨：世界上没有两片完全相同的树叶。

康德：最令人敬畏的是头上的星空和心中的道德律。

卢梭：出自造物主之手的东西都是好的，一到了人的手里就全变坏了。

马克思：真正的自由王国存在于物质生产领域的彼岸，这就是人的解放。

爱因斯坦：因为知识自身的价值而尊重知识是欧洲的伟大传统。

海德格尔：在千篇一律的技术化的世界文明时代中，人类是否并且如何还能拥有家园？

汉娜·阿伦特：恶是不曾思考过的东西。

赫拉克利特：人不能两次走进同一条河。

维特根斯坦：凡是可以说的东西都可以说得清楚；对于不能谈论的东西必须保持沉默。

如果我们服从，我们将拥有一切，除了我们自己；
如果我们反对，我们将失去一切，除了我们自己。

以弗所是一座荣耀之城。似乎没有什么能摧毁它：不管是侵略、洪水、疾病还是苦难。如果有一样东西会永远存在，那就是我们的神庙。阿尔忒弥斯，保护少女和生育的女神，她的神庙是用来自于克罗伊斯的石头建造而成，甚至那些侵占了我们领地的波斯人都经常喜欢用柱子或礼物来装饰它。它是最高大、最美丽、最神圣的，它那金色的画作能与太阳媲美，它的湛蓝能让天空黯然失色，比起它热烈的红色，火焰似乎都失去了温度。

以弗所所有居民都住在这个美丽的神庙脚下。孩子们在玩筹码的游戏，老人在回忆失败的战争，店主在谈论他们的货物，牧师在讨论神谕，女孩们带来祭品。

我父亲从神庙里出来，手放在帽舌上。他感觉到一阵眩晕，因为多乳女神宫殿里面黑乎乎的。一看到坐在台阶上的我，他就朝我挥挥手，但当看到前来向他们的光明之神马泽达祈祷的波斯祭司们，他又马上沉下脸来。他向我走来，嘴里一边嘟囔着：

"这些陌生人最终会把我们变成野蛮人。为什么我们要容忍他们？"

"也许因为我们在与他们的战争中失败了，他们变成了我们的主人。"

"祝贺你，我的儿子，多么爱国啊。那，你最近为什么不来和我一起祷告？你忘记你所有公民的职责了吗？"

我父亲还在继续说着，但我已经没在听了。就像每天早晨那样，她来了，挽着她父亲的手臂走上台阶。当她从我身边走过时，我又回头去看她。

父亲没有责怪我心不在焉，而是耸了耸肩，尖声说道：

"啊，是小内皮亚斯……我的儿子，你应该配得上她。但是梅兰康塔斯是我们城邦最富有的人，他不会把他的女儿嫁给任何人。"

我的默默柔情被父亲发现了，我不免尴尬起来。

"但你不是任何人，"他充满激情地说，"你是雅典国王的后裔，你的祖先安德罗克勒斯建立了这座城邦。为什么我们世世代代都有这么大的权力？因为慷慨的德墨忒尔，大自然的女神，多亏了她，世界上的一切事物都活了下来，她爱我们的家庭。当你开始了解到她的奥秘时，你将取代我的位置，你将被当作国王。如果说梅兰康塔斯有钱有势的话，那你，你将会受到人们的尊敬与爱戴……对我们两家来说，没有比这更好的结合了。"

"让他知道你是众神的朋友，你拥有这样的名誉，这样他会把他的财富和最美丽的珠宝——内皮亚斯——献给你。"

　　我马上站了起来：

　　"我要当场追捕这些祭司吗?"

　　父亲大笑起来：

　　"让尊敬的德墨忒尔和他的女儿阿尔忒弥斯先开始吧，你之后再去追赶这些骗子。"

　　这些话让我激情澎湃。要想拥有这个女孩，必须先吸引她父亲?这没关系！我的礼服变成了世界上最洁白的礼服，我找到最肥壮的母猪，我要把它们献祭在德墨忒尔的祭坛上。我向天空举起颤抖的双手，那些看见我的人会毫不怀疑地认为我在与神接触，认为我身上有某些神的力量。

我父亲对我表现出来的虔敬表示赞赏，他并没有被促使我这么做的原因所迷惑。

他说："如果内皮亚斯是一位女神，你不仅会成为以弗所的王，而会成为整个希腊的王！"

我站在神庙的台阶上，想挡住梅兰康塔斯的去路，但这些没有用，他依然当我不存在一样从我身边走过。所以，我决定经常去参加大会。我会向长者就一些问题进行质询。我会告诉他们，波斯人除了愚蠢的传统和残忍的法律之外一无所有。我会赞扬我们公民的智慧。我会大声称赞以弗所的荣耀。

终于我的努力得到了回报。

当内皮亚斯和他的父亲出现的时候，我正靠着神庙的柱子，看着河水。他们走上了台阶，但这一次，梅兰康塔斯没有继续走下去，也没有看我，而是停了下来：

"看谁在那儿，我亲爱的姑娘！那不正是大家都跟我谈论的赫拉克利特吗？"

"是他。"内皮亚斯带着一种假装的漠不关心的语气说，这让我很感动。

"好吧，赫拉克利特，你什么时候去厄琉西斯，接受伟大的秘密，这样你就可以在神庙和大会上帮助你父亲？因为到处都在说你是他的骄傲。"

"希望明年冬天吧。"

"我女儿和我，我们会被邀请参加庆祝你从圣城归来的宴会吗？"

他不等我回答就走了。

谁会拒绝这样的荣誉呢？

我看着他们离开，心里乐开了花。

内皮亚斯把手放在身后，对我做了一个小小的手势。

TIPS 以弗所

　　位于土耳其，在公元前10世纪由雅典殖民者建立，是世界上保存的最完整的古城之一。这里曾经是罗马帝国的五大城市之一，在古希腊和罗马时期曾经繁荣盛极一时。传说圣母马利亚终老于此。

我立即回来向我的父亲宣布这一消息，他向我表示祝贺，同时让我不要忘记重要的事情：

　　"征服内皮亚斯，对我们家来说是件好事，因为我们的皇家身份其实只是一个记忆。梅兰康塔斯的影响将重塑曾经属于我们的尊严。但是，最重要的是我要告诉你：如果你真诚地向一直在守护着我们家族的女神德墨忒尔祈祷，她会在你接受秘密的时候现身，向你献上最高的礼物：不朽。你将成为世人的神。这就是为什么大家将更愿意倾听你而不是别人说的话。这就是为什么他们会给你财富，让你不缺任何东西。这就是为什么你将要办一个盛大的婚礼。从吸引德墨忒尔开始，这就是吸引梅兰康塔斯的方法，如果你吸引了梅兰康塔斯，你就会得到他的女儿。"

　　不朽会给我带来荣誉，荣誉会让内皮亚斯的父亲尊重我，而父亲的尊重会给我带来他的女儿。这简直是天衣无缝！命运多么眷顾我啊！

　　最后，在初冬，我们租了一条船。我要去厄琉西斯。爸爸在码头上拥抱我，显得很伤心：

　　"你不为我高兴吗，爸爸？"

　　"当然开心，只是我心里在想一个微笑的时间、一个女人的时间、一个孩子的时间，而我老了。"

　　"爸爸，你没那么老。"

　　"老到足以告诉我自己我曾有过青春……

　　"你妈妈本来很想看你上船。

　　"你可以在德墨忒尔永恒的花园里再见到她时，告诉她。

　　"你说得很对。你在厄琉西斯留下好印象，然后你会光荣地回到以弗所。"

我略过了一些细节，一些我必须得听但听了会厌烦的细节，但是其中一个细节是有用的：去厄琉西斯的路有一部分是从雅典延伸出来的，需要步行，路上没有食物，几乎没有水。

　　我禁食了整整三天。我担心在长生不老之前会死去。但我依靠回忆我的女神来获得勇气……如果其他公民也加入了入教的行列，我们不能讲话，那么就会很难了解或减轻处在抱怨中的我们的痛苦。

　　最后终于到了圣城厄琉西斯。神庙相互交错。到处都是被扔进火里的香料。好香啊！在这里，神的知识似乎是通过鼻子而不是通过大脑传播的。

祭司们不给我们一点喘息的时间，就让我们脱下衣服，邀请我们去冰凉的海中洗澡。

出了浴场，他们托付给我们一些小猪，这些小猪也要净化。我抱着的那只小猪在尖叫。最后它终于设法逃走了。当它跑起来的时候，它的耳朵在嘴的两边拍打着，而我，我光着身子，浑身湿漉漉的，在它后面跟跟跄跄地追着。

身子干了之后，我们穿上了白色的亚麻衣服，沿着一条充满稀奇古怪之物的小路走着。

我想弯下我的上半身，向所有人表明，我可不是随便哪个小城邦的小贵族，而是伟大的希腊城邦的国王的后裔，只是我的胃，像一口被挖空的井一样，把我撕成了两半。

一到德墨忒尔圣殿的院子，我就瘫倒在他们给我的座位上。终于可以休息了……这时一阵音乐拂过我的耳畔，正是在这嘈杂的声音中，小猪被带到我们的脚下被宰杀。

　　一个祭司走了出来，手里拿着一个杯子，有一根棍子插在里面，他在搅拌着里面的东西：

　　"这是赛昂（古希腊饮食），女神的甘露！打破斋戒，在所有的原料都沉淀下来之前赶紧喝吧！这种饮料的功效正在发挥作用。"

　　我又饿又渴，于是贪婪地喝了起来。大麦粉、蜂蜜、水，做成了可怜的稀粥；我闻到了罂粟的味道，非常苦。

很快，我的头脑就麻木了。圣殿的轮廓变得扭曲，人们的脸开始变得模糊。人群的呼喊变成了奇怪的声音。我旁边的人有了圆圆的眼睛，他们像麻雀一样盯着四周。而我，我感觉很好，我慢慢地滑动，我的身体变得很轻。我正在感觉到灵魂的升华吗？

借着火把的光，我们被引到圣殿里面。

给我，伟大的奥秘！给我，厄琉西斯！给我，女神！给我，永生！给我，内皮亚斯！

我迈着轻快的步伐，但我马上就进入到了一条布满了阴影的走廊里。

做着鬼脸的画似乎在看着我。

火炬熄灭了。

阴影！

许多手落在我的头上。我尖叫起来，我的尖叫声被咆哮声掩盖。我想抓住旁边的人的手。可是一个人都没有！我的同伴们在哪里？

突然，我从后面被推了一把。我跌倒了，我在又冷又黏的混合物中涉水而行。

光！

我头晕目眩。

当我重新看见时，我意识到我的身体被污泥包裹着。

我挣扎着从这个泥潭里出来。

但当我抬起头时，我看到祭司们把剑举过我的头顶。

我又开始恐惧了，饮料给了所有这些事物如此强大的力量，以至于我无法告诉自己这是一幕表演。

我拼尽全力跑了起来。

诸神的脸，野兽的脸，令人不安的怪物，都涌现在我眼前。

我看见了疯狂。

当这种混乱一结束，我四肢瘫倒在一个大房间的石板上。我被抬了起来，被洗得干干净净，被穿上凉爽的衣服。

我们坐了下来。陶醉的音乐声响起。舞者在我们四周翩翩起舞。

从黑暗到光明，从嘈杂到寂静，从肮脏到干净，从寒冷到温暖，从疲劳到休息，我们一一走过。

祭司告诉我们，生活就像我们穿过的走廊。它在两个对立面之间摇摆。但多亏了女神，我们最终会知道，如果没有黑暗，就没有光明；没有疲劳，就没有休息；没有痛苦，就没有快乐。但最重要的是，没有死，就没有生。

我应该为这个消息感到高兴，但是在我面前，祭司和新入教的成员正在慢慢地发生变化。他们的手变成牛蹄或鸽子的翅膀，他们的鼻子变成了猪鼻子或其他动物的鼻子，他们的牙齿变成了獠牙。它们的耳朵变得很大，就像驴子的耳朵，或者慢慢变小，消失在有羽毛的小脑袋里。至于大祭司，他的手臂变长，龇着牙齿露出可怕的微笑。他的脚变成了手，上半身变成了猴子，他的祭服穿在这样的身子下显得空荡荡的。那我呢！我呢！我四肢着地！我的手变成了大爪子。我想大声尖叫，但我只能小声叫！我变成了一头猪！我，以弗所的赫拉克利特?在我的脑海里，不断涌现出泥浆池子和橡实盆的画面。

　　强烈的困意侵袭了我的意志。

　　发生了什么事?我变得越来越笨。

　　这一定是饮料的作用。

　　还是德墨忒尔的示意?

　　祭司们在房间深处点燃火把。一座从头到脚蒙着罩布的巨大的雕像，被照亮了起来。

　　德墨忒尔！

　　这就是秘密的时刻。

我要去看女神！

但当罩布升起来时，我往后退了退。多么可怕啊！女神有着猴子的头和动物的身体。

既然我们都变成了野兽，那还有什么更正常的东西吗？我们就按照自己心目中神的形象去敬拜神。

女神通过这些幻觉想告诉我什么？

我听见鸽子向她呼求尘土，猪向她呼求泥浆，驴子向她呼求稻草，牛向她呼求青草。

大家都有各自的愿望。当然，在我们兽毛暖和的部分，虱子和跳蚤也有神庙，这些新入教的成员提出毛发的要求。但是，我们，人类，当我们提出要黄金、丰收或军事胜利的要求时，我们有什么不同吗？

我们把人的形体给了我们的神，为了把人的语言放进他们的嘴里。

女神有没有试着让我明白，她其实没有脸庞；让我明白，我们对着雕像祈祷，就像疯子在对着墙说话？

当饮料的作用消失后，雕像恢复了它人类的特征，但与本应该是一张真正的上帝的脸相比，我不禁发现了这张脸很难看，因为我只看到一张凡人的平庸的脸。

猴子应该觉得，猴子的嘴脸是美丽的，但对我们人类来说，即使是最美丽的猴子也是丑陋的。和我们的雕像一样，我们发现它们很漂亮，因为它们看起来像我们。但诸神一定会发现它们非常丑陋。

我没有明白自然女神的信息。

我知道这个幻觉揭示了一些东西。但是是什么呢？

她似乎在对我说：我，大自然的女神，我并不在这个圣殿里。

TIPS　厄琉西斯秘仪

　　是古希腊时期位于雅典西北部厄琉西斯的一个秘密教派的年度入会仪式，这个教派崇拜女神德墨忒尔和其女儿珀耳塞福涅。这些仪式处于严格的保密之中，而全体信徒都参加的入会仪式则是一个信众与神直接沟通的重要渠道。厄琉西斯秘仪的历史相当悠久，它源自迈锡尼文明的信仰崇拜。现代学者认为：仪式的一个目的是把普通人提升至一种神圣的状态。通过象征性的救赎仪式，让对象确信自己成了一个不朽的神，他就具有了无上的道德责任感，他将会无尽地为其他人做出贡献。

我没有在厄琉西斯停留。仪式一结束，我就坐船往以弗所去。德墨忒尔不停地对我嘀咕：你真笨，你真笨！我觉得我的皮肤变成了皮革，我的灵魂变成了浓稠的液体，在最粗鄙的快乐中麻木。我应该要逃离，只是诸神无处不在。那个声音一直在质问我。

我到了以弗所。市民们前来欢迎这位新的神仙。我的父亲，在远处，朝我做着大大的手势。

他在人群中用肘挤着前进，来迎接我。

"啊，我的儿子，"他用胳膊搭着我的肩膀，叫道，"你看见女神了吗？"

"是的。"我说，有点犹豫。

"那是个奇迹，不是吗？我和你一样大时见到了她。多么好的回忆！她还那么漂亮吗？"

"他们说神是不会改变的，父亲。"

"你也是，你不会改变的！你已经不朽了！你看所有人都把你当作自己主人一样看着你。享受这种特权，并试着利用它。但是我们稍后再聊这个吧，是时候准备准备了。"

"准备什么？"

"今晚有客人。你不是答应过在你回来的时候为梅兰康塔斯和内皮亚斯举行宴会吗？"

为了进入宫殿，我们沿着凯西特河一路走过去。我父亲抑制不住内心的兴奋。他搓着双手，就像一个刚刚做成了一笔好生意的商人。我面带愁容，因为我真的很想吐露我的疑惑，但我不知道他们会如何接受。

"怎么了，我的儿子？你成功了！你应该快乐！你很健康，你很富有，很快就会有爱情，你永远不会死！"

他还没准备好听我说，所以我试着微笑。

"啊，这样好多啦！"他叫喊起来。

我应该高兴……

这条小河引起了我的注意。

这条河……这条古老的河……它流动着……一切都在流动着。

没有人会两次在同样的水里洗澡。

所以我们不会在同一条河里洗澡。

因为水在流动。一切都在流动。

河流以及它的河岸。

海洋。

大山变成了山谷。

水变成了火，火变成了水。

沙漠最终将淹没大海和锚地里的锚，满河鱼虾很快就会被碎石填满。就像一个从起点到终点不断连接的轮回，大自然在不断变化。

凡是湿的东西都会变干。

但是所有干的东西也一定会变湿。

我看得很清楚。我的眼睛不会弄错。

一切都会消失，没有什么会一直坚挺。

那么为什么对于我的灵魂，情况可能就不一样呢？

对于我的荣耀，我的健康和其他一切呢？

大自然就在那里，就在我的眼前。它把所有的东西从一边带到另一边。这是一个缓慢的碰撞。

我太蠢了！我们透过肉体享乐的狭窄的天窗去看大自然。我们想要最好的，不想要最坏的，想要奢侈而快乐的生活。大自然在两个对立面之间不断运动，但我们祈求德墨忒尔，希望她从我们的利益出发，永远保持不变。

　　这会违背她的法则。只有野兽才会真正认为它们的快乐可以永远持续下去，这就是为什么我们可以用一把干草让它们来到我们身边并驯服它们。这就是为什么它们让自己快乐地长胖，却永远都不明白自己最终会被送去肉铺或牧师祭坛的地方。

我的微笑没有持续多久。

"赫拉克里特，出什么事了?"

我看着我的父亲，我明白在我整个童年时代，他一直在用谎言欺骗我。所以，不，这样不行。

我一进房间，奴隶们就给我洗澡，理发师们给我卷头发。如果说我在厄琉西斯是做猪的话，那我在以弗所则是做羊。

在他们递给我的铜镜里，我端详着我自己。这是一个十分令人满意的年轻人!一个公民当中的王，被城邦养育着，在神庙和大会里都是头等人物。如此漂亮的内皮亚斯的丈夫!如此富有的梅兰康塔斯的女婿!

但就像他们为我的灵魂对我撒了谎一样，他们也不得不为剩下的一切继续对我撒谎。

我前途无量!但是今天每个人都在谈论的赫拉克利特，明天会是什么?从前，有一个赫拉克利特，像我一样，住在像这里一样的以弗所，住在像这里一样的希腊，有过辉煌的时刻。他在哪里?现在谁还记得他吗?

我生活在一个坚不可摧的国家!但我荣耀的城市和不朽的神将来会在哪里呢?

我们的神庙会在哪里?甚至连阿尔忒弥斯的神庙都会归为行人脚下的尘土。

我们难忘的诗歌呢?二十个世纪之后谁会朗诵它们?

我们只会闪耀片刻，因为一切都在燃烧!

所有出现的东西都将会被吞没。

而我，那个曾经感觉如此重要的人，最终是谁?

熊熊大火里的一点火星。

真是太愚蠢了，以前竟然没有意识到这一点。

"赫拉克利特，客人来了，快点！"

我父亲突然打开门。他注意到我脸色苍白。但他对这段婚姻寄予了太多希望，以至于他更愿意相信，我的颓丧是由紧张引起的。所以他赶紧让我重拾信心，他的手在我背后，把我推到大厅。

很快，所有的客人都挤过来跟我说话，尽力讨好我，希望有一天能享受到我的权力。

一位商人告诉我，他生意兴隆。

另一个人抱怨说他的不幸毁了他。

一位将军向我保证，他的战略才能可以帮助我们把波斯人赶走。大会的一位贵族保证，如果我们同敌人谈判，可以换来永久的和平。

这两个人争论不休，一个主张无休止的战争，另一个宣扬永恒的和平。

一位祭司祝贺我获得了灵魂的不朽，一位伤心欲绝的寡妇告诉我，一切终将死去。

但对于这些，我什么都没听进去。这些话还没说完就被其他没有任何联系的话打断。这就是我在厄琉西斯涉水走过的泥淖：一种流动的语言，它甚至都没有意识到自己只是在流逝。

基本上，他什么也没说。这些人一说起某件事，就好像这件事的相反面永远不会发生。商人想要堆积如山的金子，军队想要战争，政治想要和平，牧师想要长生不老，寡妇想要和丈夫同时消失在这个世界上。

我应该告诉他们所有燃烧的东西同时都会熄灭，就像一条既可以往上又可以往下走的路一样。

　　我应该告诉他们财富使毁灭成为可能,和平与战争是一体的。至于丈夫,他的死产生了一千种生命形式!

于是我的嘴里又有了味道。我重新体味到了赛昂的苦味。我感觉这些脸变形了,鼻子和耳朵变长了,尾巴长出来了,一股野兽的气味从兽皮中散发出来。

对我说起金子的商人变成了原来那个对我说起稻草的驴子;坐在凳子上的将军变成了一头牛,它在反刍着,一群苍蝇在它身旁飞来飞去;与此同时,它旁边的一头牛在咆哮着说,一块肥美的草地将很快迎来宁静的牛群。祭司变成了猴子,通过召唤神的灵巧开始在那蹦蹦跳跳,寡妇把她的长脖子收起在她右边的翅膀下。

但我并不害怕这些幻象,因为赛昂没有说谎,相反,它唤醒了我。这些面孔确实是我同胞的面孔。

我本以为我和人类生活在一起,我现在意识到我是在野兽中长大的。

那么赫拉克利特是谁?

突然一片寂静。

所有的谈话都被打断了。

内皮亚斯到了。

非常华美。

尽管很冷，她只穿了一件仅仅盖住了肩膀的短外套。她想展示她的美丽，我看着她。

总是知道如何拿捏好分寸的梅兰康塔斯随后出现了：

"多么安静啊！人们以为你看到了女神！"

"由赫拉克利特来说这个吧！他是专家！"我父亲摇着尾巴说。

两位家长开着玩笑，然后把女孩带到了我身边。

内皮亚斯开始害羞地和我交谈，她说见到我很开心，然后跟我讲了一些两位父亲对于婚事的决定。

我大胆看着她，她下巴微含，满脸通红，面带微笑。

我很想相信她。我有很多承诺已经到了嘴边。我想象自己在她身边，平静、富足、肥胖，被可爱的孩子们包围着；我想象安德洛克里德的名字从我的后代一直传到之后的几个世纪，我家房子上飘着有德墨忒耳的旗帜。我会无穷无尽地爱着内皮亚斯，没有任何限制，即使死后，在我的女神预示的花园里，我们也会永远地抱在一起。沉浸在这种遐想中是多么甜蜜啊！

我感觉嘴里冒起了泡沫。

那一刻，我感觉到内皮亚斯的手放在了我手上。

"我们会有很多橡子和泥池,我向你保证。"她说。

她的脸开始扭曲。嘴里长出了尖牙,鼻子向上卷起,肩膀上长满了绒毛,从她衣服领子里露了出来。

我的内皮亚斯在哪里?那个我为她祈祷的内皮亚斯,那个我每天早晨在神庙台阶上遇见的内皮亚斯?我想抓住她的肩膀,摇晃她的身体,把这件猪一样的衣服从她作为女人的身体上拿下来。

TIPS 德墨忒尔

　　她是希腊神话中司掌农业、谷物和丰收的女神,也是奥林匹斯十二主神之一。她给予大地生机,教授人类耕种,同时她也是正义女神。希腊各地都有纪念她的节庆,古代人们认为大地是生命之源、万物之母。向德墨忒尔献上的祭品有公牛、母牛、猪、水果、蜂房、果树、稻穗和板栗。

这个宴会变成了恐怖的长廊。我试图悄悄地逃跑，这时我父亲突然叫了起来：

"让宴会开始吧！致我的儿子，厄琉西斯的秘密的新成员！不朽当中的不朽，雅典国王高贵的后裔！致我的继承人！"

人群密切注视着我。我又坐了下来。

被端上来的菜肴是奇怪的汤，我吃的时候忍不住做出了鬼脸，因为都是苦的；当我吃着蜂蜜蛋糕，想驱散这种苦味的时候，我把嘴里吃的东西吐了出来，因为糖太多了，我感到了一阵恶心。

其余的盘子里都是可怕的东西。

有些鱼还在蠕动，有些则已经腐烂了，面包还是生的或完全烧焦了。肉要么在流血，要么已经变成煤黑色。非液体的食物就像石头一样坚硬，而那些不硬的东西又完全拿不起来。

梅兰康塔斯开始在我耳边嗅来嗅去。

当我回答说我不舒服时，他立刻叫来一位自称是医生的客人。他跳到了我面前，对我承诺通过灌肠、开催吐药、禁食和放血来给我健康。

"要治好你的病，你必须得排空！"他说。

这时，另一个医生走了过来，一边用蹄子拍地，一边说："正相反，你得进补！"

一个拉着我的胳膊，带我去吃泻药，另一个拉着我去吃饭。最后，这两个人激烈地争论着，以至于冲动之下竟然弄断了他们自己身上的角。我让他们停止这种毫无结果的斗争，不知道如何向他们解释，在这两者之间肯定可以找到合适的治疗手段。

梅兰康塔斯被这场争论逗乐了，最后他用后腿站立起来。一只爪子放在胸前，宣布：

"我有个消息，会让你健康的！赫拉克利特，我很荣幸地向你宣布，你的父亲和我同意你娶内皮亚斯。为了签署这份协议，让我们两家来交换礼物吧！"

在野兽的欢呼声中，仆人们给我找了个座位。它看起来很脆弱。

"试试吧，如果舒服就告诉我。国王应该能够坐在王位上。"

为了避免惹恼任何人，我坐了下来，但座位塌了。医生们扑向我，一个说要把我抬起来，另一个说要把我放下来。但我把他们赶走了。

"走开！梅兰康塔斯，谢谢你，但木匠没有给这把椅子做榫头！没有榫头嵌进榫眼。"

梅兰康塔斯恼怒地回到座位上。

"这个男孩说的都是废话，做榫头很难啊。"他咕哝着说。

至于我的父亲，他说：

"对内皮亚斯来说，这是一件非常漂亮的家具！"

我看到一根被切下来的木头。

父亲说："做这件家具的木匠就像其他人一样推着锯子。"

"可是父亲，你的工匠没有拉过锯子吗？你家具的式样不三不四。"

"怎么回事，"他吼道，"你几乎不看内皮亚斯一眼，什么也没吃，你还破坏了送礼仪式！"

我从他的眼神中看到了他的沮丧。我不想让他失望，是时候解释清楚了。

　　所以我赶紧道歉，努力聊天，品尝食物，然后微笑着坐在木头上。

　　内皮亚斯带着嘲讽的口吻说：

　　"看看赫拉克利特，这不是座位，这是个箱子。"

我想情况不能变得更糟了，这时候音乐家到了。某某人只喜欢低音，而另一个人只喜欢高音。所以他们为谁是最好的艺术家而吵了起来。

"你呢，赫拉克利特，你是怎么想的?"梅兰康塔斯问我。

"这两种都太极端了。音乐是高音和低音之间的斗争。如果我们仔细想想，一个音符总是比另一个音符更低沉或更尖锐。"

音乐家们应该明白这一点，但他们决定只演奏一个音符:他们乐器上最低沉的或最尖锐的音符。

客人们根据自己对特定音符类型的喜好，高兴地闭上眼睛，而我充耳不闻。

"现在，舞者们来了，"梅兰康塔斯说，"既然没有什么能吸引赫拉克利特，那就让他选择吧。"

"选择什么?"

"你想让舞者们去哪里?"

"我不明白。"

"你更喜欢他们去左边，右边，前面还是后面?"

我想回答舞者们必须向各个方向舞蹈，这样才能向我们展示一种看不见的和谐之美，这种无形比有形更美，但是这样回答的话我可能会惹怒他，于是我放弃了:

"让他们往左边走!"

当我看到每个人都不可避免地撞到了墙上，或撞到长椅上，或跌倒在地上，我鼓起了掌，满眼泪水，但我没有笑。

客人们半闭着眼睛，看着房间角落里这一堆乱糟糟、一动不动的尸体。

一看到才开始的这场演出结束了，所有人都开始打瞌睡。没有任何东西移动了。内皮亚斯，在裙子里滚来滚去，发出细微的咕噜声。这些野兽梦见自己变成了人。

梅兰康塔斯不愿意让夜晚的欢乐停止，他命令道：

"每个人都拿个火把，我们出去！我们去森林，去向生命和庆典之神狄俄尼索斯祈祷，让这个夜晚永不结束！"

听到这个提议，每个人都站起来，一边走一边发出声音。我们身体的影子在以弗所沉睡的城墙上慢慢移动着。

我被带到远离城墙的地方。

当我们到达森林中央的祭坛前时，我父亲有一个宏伟的想法：

我们要求赫拉克利特向诸神祈祷，让他的订婚之夜永不结束？

"父亲，得了吧……"

"赫拉克里特，去吧！"梅兰康塔斯大发雷霆，"今天诸神都是你的。"

我想尽快离开这个集会，我向上天举起双手，向不一定存在的神说了一些毫无意义的话。

尽管我在祈祷，哦，令人惊讶的是，太阳还是照样升起。

　　客人们都很惊讶。我惹怒了上帝了吗，我真的配做父亲的接班人吗？

　　"你本可以努力一把，"我的父亲低声抱怨，"我们会被看作是谁？"

　　"但即使在半夜，白天也一直在那儿，只是它缩在了后面。没有人可以要求只要黑夜而同时没有白天。你不能把它们分开。白天和黑夜是一体的。它是'白天-黑夜'。"

　　"别再找借口了！你需要更好地祈祷。你什么都做了，仅此而已。"

　　更为糟糕的是，梅兰康塔斯弯下腰来和我父亲说：

　　"告诉我，布洛森，你的儿子效率不高。我希望他能在大会上更灵活一些。"

　　对我来说，被迫做出这些滑稽的举动是一回事，但因为没有创造奇迹而受到指责，这简直让我无法忍受。

既然这样，由于我的过错，天亮了，我们决定回去。

　　父亲很生气，因为有人怀疑我的能力，他吼道：

　　"你们会明白我儿子是谁的！跟我来！"

　　我害怕会发生最坏的事情，我看着他走过来，到阿尔忒弥斯神庙附近时，我看到了在祈祷的马泽达法师的影子。在日出时，他们向太阳鞠躬，因为根据他们的传统，光明将战胜黑暗。

　　像往常一样，我的父亲开始对他们吼叫。

　　他们睁大眼睛，在我们这群醉汉面前显得呆若木鸡：

　　"现在，进攻吧，我的儿子！"

我很尴尬，因为我父亲问我：

"你还在等什么？"

"你自己攻击吧。你更有经验。"

"应该让年轻人来。"我父亲尴尬地回答。

"但如果年轻人不想的话……"

"年轻人从来都不想，这是公认的。但快点，大家都在看你。"

在我的背上，这些事在咆哮、哀鸣、焦躁不已。一想到将会看着我投入战斗，他们就开始窃窃私语。

梅兰康塔斯鼓励我行动起来，内皮亚斯用她开始发亮的小眼睛看着我。她的猪鼻子在颤抖，好像想告诉我什么。

我开始转身离开，这时父亲抓住了我的袖子：

"回来！如果我们让这些法师挂满彩旗，很快就只会有波斯人取代希腊人。你想让你的孩子们赞同这个寓言吗？这个寓言说，光明之神将驱逐所有的黑暗。"

在我的周围，尸体在互相推搡。一股葡萄酒、麝香和愚蠢的味道袭来。它们的嘴里充斥着传统、秩序和正义之词。它们又抓又踩！但它们想要什么？我在为捍卫它们的传统而战？只有动物会在什么也不改变的情况下复制它们父母的生活。它们的生与死都遵循着同样的规律。但是我想成为一个人！

"攻击！"我父亲命令道。

"为了我孩子的利益，我也将攻击我们的祭司。因为他们完全和波斯人一样愚蠢。你指责他们必须驱赶黑夜的光明，但是如果祈祷只是让黑夜驱散白天，那我们刚刚对狄俄尼索斯做了什么呢？自从我出生以来，你告诉我，生命会战胜死亡，但是我们的灵魂却紧紧地依附在我们的身体上，就像牡蛎依附在壳上一样。我们像其他动物一样在地上爬行，我们的尸体将成为其他小动物的摇篮。无论我们是法师、德墨忒尔的信徒、酒神狄俄尼索斯的祭司，还是随便哪个神的代表，我们都是在同一个夜晚游荡。你们的神是海市蜃楼。它们并不存在于大自然中。它们只是空话。"

我父亲想发火，他坐了下来，拉着脸。

"注意你的言语！神在听着呢。"

"用哪些耳朵?他们会带上松露来追寻我吗?"

"小心惩罚。如果受到酷刑的话，你将会羡慕地打量德墨忒尔的花园！"

"我将看不到任何东西，任何人。因为你向我所说的花园，都是谎话。自然不能创造一个没有缺点的地方。一个充满阳光、欢乐、不朽、和平和富足的地方，这毫无意义。只有愚蠢的野兽在它消化的时候才会相信有这种地方。试想一下，有这样一个花园存在……"

"赫拉克利特，当心点，你正在不敬的边缘……"

"如果你不冷，你怎么意识到热?如果战争没来打扰你，你怎么意识到你处在和平之中?如果没有疾病，你的健康在哪里?如果没有运动，你的静止在哪里?在德墨忒尔的花园里，你甚至不知道你是活着的，因为没有什么东西会死。然后你就会待在那里，永远不会朝一个或另一个方向走，没有饥饿，没有口渴，没有痛苦，没有快乐，没有欲望或恐惧，没有生命和死亡。没有任何东西。你的花园是一个巨大的虚无。如果我死去的母亲在这样的地方，我会祈祷她再死一次。"

这位父亲一直爱着我，把所有的希望都寄托在我身上，结果他躺在大理石上，猪鼻子缩在爪子里。但我看到他的脊梁在颤抖。

"只有一个小问题，布洛森，"梅兰康塔斯问，他想要表现出很灵活，但恰恰相反，此时的他不能再笨拙了，"在娶我女儿之前……你明白……如果你的儿子甚至都不相信神是存在的，他怎么能得到神的宠爱呢?还有一个小问题，如果他不是众神的朋友，他在大会中还有影响力吗?我是出于好奇……所以问你。"

"好吧，我……但是，赫拉克利特，你来回答，现在是你的事了！"

太阳慢慢升起，阴影越来越短。与此同时，赛昂的蒸汽散去，渐渐地，那些脸又变回成了我同胞们的脸，我的父亲恢复了往日的威严，笨拙的梅兰康塔斯再次变成了那个强大的人。商人没有了驴耳朵，寡妇没有了羽毛，将军身上的伤疤又变回来了。

至于内皮亚斯，她很漂亮。她把手放在我手臂上，看着她的父亲：

"大会将感谢一位能够告诉大家无知的年轻人。至于诸神，赫拉克利特从未说过它们不存在，他只是说它们不像我们想象的那样存在。他不想让我们说错任何关于神的事情。"

"所以最尊重他们的难道不是他吗？"

她听见我了吗？她？

"我不懂你的胡言乱语，我的女儿！但很高兴能参与其中。我尤其注意到小安德洛克里德很难懂。好吧，这些细节我们明天再谈。布洛森，休息一会儿之后，我要去你家里商量嫁妆的事。"

拂晓的金晖驱散了夜晚的黑暗，奴隶们在收拾盛宴过后的盘子和残羹。

盘子发出轻轻的撞击声，他们脚步敏捷，动作熟练。

他们向左，向右，达到了很好的平衡。我默默地看着他们工作。他们就像一个舵手，把相反的风和水流组合到了一起，或者像一次闪电，设法穿过层层空气到达地面。

我的父亲站在门前一动不动，等待着梅兰康塔斯的到来。他这样待了好几个小时，嘴里嘟囔着：

"可是我该怎么对你母亲说呢，我该怎么对她说呢？"

下午晚些时候，他终于看到梅兰康塔斯到了，他六神无主地转向我：

"他来了，和内皮亚斯在一起，可是现在你怎么向他道歉呢？你喝得太多了？就是这样，对吗？你觉得怎么样？"

"你最好就这样告诉他：我不会去神庙里祈祷你们劣质的神，也不会去大会里听那些毫无意义的话。"

梅兰康塔斯，一直觉得所有的房子都是从他的住所延伸出来的，他强颜欢笑地向我们走来。他向我们打招呼，懒散地躺在座位里，好像什么也没发生过。

他再次谈到婚礼和嫁妆：

"布洛森，我早就想到了这套镀金餐具，这是我上次在波斯旅行时得到的。真是一套非常精致的餐具……"

我简直不敢相信。他在玩什么把戏？

内皮亚斯对他父亲的态度感到尴尬，甚至不敢看我。

当我看到父亲讨论时并没有提到我们早上发生的冲突，我打断了他们的谈话：

"我很高兴地看到，我对上帝的排斥并没有危及婚姻。"

"但我可没有强迫任何人去崇拜神灵。"梅兰康塔斯反驳道，"我会听年轻人说话。"

"噢，爸爸，"内皮亚斯松了一口气，说，"我知道你是个通情达理的人。"

"你怀疑过吗？你的丈夫只需要假装，就像他的父亲一样。对吧，布洛森？"

"不，我……"

"哦，承认吧！谁在乎呢？"

"但我不能一辈子去假装相信！"我说。

"但你会发现，这很简单。你要向人们宣布神对我们的计划是有利的，然后你要去大会支持他们。"

"可是爸爸，"内皮亚斯问，"你想把我嫁给一个骗子吗？"

"不，我想让你嫁给一个有影响力的男人。"

"你看，赫拉克利特，一切都安排好了，"我父亲边往前走，边露出狡黠的笑容，"你为你的前途担忧。好吧，我们再来谈谈餐具吧。"

"餐具，是的，但是我也想让你把法师留在神庙的台阶上，因为波斯人想签个合同，我在想这套小小的餐具……"

"但我们的台阶是神圣的。"父亲说。

"我的餐具，不是非常珍贵吗？"

我父亲开怀大笑起来。

梅兰康塔斯和他一起笑起来。

我心中充满了悲伤。

"但是，梅兰康塔斯，你不明白吗?"

"还有什么需要明白的?我看起来像个白痴吗?"

"你问我的问题糟透了，你想让我变得像你一样。想让我允诺拥有财富与和平，就像苦难与战争即将从世界上消失一样。你想让我为了获得权力而去取悦尽可能多的人。如果我看到一头驴子，我答应给它稻草;如果我看到一头牛，我跟它谈论青草;如果我看到一头猪，我向它保证会有一些泥浆。"

"只要它们在手里被你吃掉，就完美了。你答应什么并不重要。"

"但用这种力量我能做什么呢?我会沉溺于我的小快乐中吗?我认为我在神庙和大会中的角色是打开一个对所有人都有利的共同的空间，而不是去迎合每个人的小幻想。"

梅兰康塔斯沉默了很长一段时间。这在他身上很少见。

"太好了，"过了一会儿他说，"讲得很好。比起祷告，你儿子在说话方面更厉害。他将是完美的。此外，他还可以亲自在我们的台阶上为出席的法师辩护，哦，那应该会很棒。"

"是……"父亲尴尬地说。

"什么?"梅兰康塔斯会说，"别管法师了，我在篮子里加两根银条。"

"我儿子有他的荣誉。"

"那就三条吧。"

但这两个人一点都不把我放在眼里吗?他们充耳不闻。这位父亲，昨天告诉我要赶走马泽达的崇拜者，今天却在一个人面前点点头，这个人让他去迎接那些崇拜者。

我父亲把手放在一块蜡板上。他在写东西。他标出了梅兰康塔斯向他许诺的一系列奇迹。要是我妈妈能看见，她会怎么说？

有时他会转头看一下我，以确定我是否还在。

至于内皮亚斯，她只是默默地耸了耸肩，因为她和我一样感到尴尬。

如果我们服从，我们将拥有一切，除了我们自己；如果我们反对，我们将失去一切，除了我们自己。

这就是我的命运。

结婚。在神庙里或大会上扮演有名无实的人。

生孩子，我的孩子们也只会重复我的一生。

到时候他们也会麻木。

谁会相信他们短短的一生可以概括全人类呢？

他们毫无智慧地生活。他们也会听不到。现在，他们将缺席。

他们的子孙会拥有像牛以及驴一样的荣耀。

那我呢？

我就像一堵从未经历过战争的旧墙，再也没有人能看到，因为墙上爬满了常春藤，还因鹪鹩修筑自己的巢穴而被挖了洞。我的生命将比记忆流动得更快。在临终之际，我要说：

"我没有活过。在我死后，没有人能说我存在过。因为我用不朽的荣耀换取了凡人的东西：舒适、奢华、饮食。"

一切都在流动，但我们在看谁呢？那个一言不发地让自己迷失了方向的人，就像从河岸上掉下来的羊，或那个与激流在搏斗的游泳的人？这两个人，虽然他们的结局是一样的，但谁会拥有最美丽的人生呢？

当合同签订后，梅兰康塔斯突然站了起来，抓住他女儿的胳膊：

"你们明天要去神庙，为了让你们的婚礼更圆满，我们要向阿尔忒弥斯和德墨忒尔献祭。然后我们将去大会。我就指望你了，赫拉克利特。给我准备一篇精彩的演讲。"

内皮亚斯惊慌失措地看着我，满脸歉意，此刻的她是如此美丽。

我从来没有去赴过这个约会。结果将会是什么?让我们穿越一下时空,到几年后去看看。

是的,需要到几年之后来看看我……

我本来要身披紫袍,城邦供养着我,却因为不敬而受到谴责,被梅兰康塔斯排斥,被我的父亲剥夺了继承权,被我的同胞厌恶。我去了山区。食不果腹,衣不蔽体。

但这样的命运,我并不责怪任何神。只能说是咎由自取。至少,这一点点,是属于我的。

我仍然记得父亲来看我的那一天。他穿着正装。

我听到城里传来了音乐和歌声。

他静静地坐着,不知道要跟我说什么。

"你要去参加婚礼吗?"我问。

"不,赫拉克利特,我回来了。我参加的也不是你的婚礼。"

他说完这些话就走了。

我注视着下面的城市很长时间。

内皮亚斯在这群人中的哪里呢?她为什么不来这里找我呢?

这一天,我仍然记得它,我只是一边为它哀悼一边想它。

从那之后时光流转。

我看到了处在和平与战争中的以弗所。

富饶和贫穷中的以弗所。

我看到了小麦压弯了谷仓的木板,谷粒腐烂在地上。

我看到孩子出生,瘟疫把他们带走。

我看到了冬天,夏天。

白天,黑夜。

我看到了大自然。

而这所有的一切，都被一个看不见的扭结连接着。

我父亲死了。

再也没有人真正清楚今天双腿发抖的那个曾经强大的梅兰康塔斯是谁。

但我一直渴望让别人听到我的声音，不是去听那个全世界不在乎的赫拉克利特的声音，而是那个以大自然的名义说话的赫拉克利特的声音。于是我开始描述所有的那些时刻，我们以为在这些时刻大自然不在我们这。它就像一团还活着的火，藏在世界的火焰里。它就像已经消失了几百万次的太阳，它的光线从来都不一样，但产生的白天却是相同的。大自然休息的时候就是在自我转变。在它所有的变换中，就像在一个窟窿里，我看到了它。

TIPS 人不能两次走进同一条河流

　　这是赫拉克利特的名言，说明了客观事物在永恒地运动。他还看到事物的运动变化是和事物本身存在的矛盾对立分不开的；虽然他自己并没有明确提出"对立统一"这样的命题，但他注意到各种对立面统一的现象，并且提出了"斗争是产生万物的根源"的思想。这些观点使他成为辩证法的创始人和奠基人。

这本书，今天我刚写完。谁会来读呢？

我决定把它放在阿尔忒弥斯神庙的图书馆里。

我告诉自己，这座建筑是最坚固的。在它被烧毁前、被地震震塌前、被洪水淹没前、被闪电击中前，一些读者将有时间去思考它。

在神庙的台阶上，总是有孩子在那玩。

在我旁边，两个孩子在玩筹码游戏。

每个人都铺上黑色或白色的小鹅卵石，以便挡住对手的那些鹅卵石。

白的取代黑的，黑的取代白的。

这就是大自然。

它分发白色的筹码，上面写着诸如青春、健康、休息、快乐以及所有使生活愉快的词。

它在黑色的筹码上写着相反的词：年老、疾病、死亡和所有使凡人害怕的东西。

黑色的筹码总是赢。疾病夺去健康，战争夺去和平，痛苦代替了快乐。最后，生命被死亡带走。但大自然扮演着自己的角色，没有愤怒。没有不公正。它将把筹码重新分配给另一个玩家。而我们，人类，除了努力成为好的玩家，我们还能做什么呢？

我们过着日子，就像那些在玩耍的孩子一样。

当你输了的时候，你必须离开舞台，同时告诉自己你已经完成了你的角色。凡人唯一的荣耀就在那里。

我完全沉浸在我的思绪中，正在这时我听到了一个声音：

"孩子们，你们过来吗？"

这个声音。和原来的那个声音不再一模一样，但也没有完全变成另一个声音……孩子们从台阶上奔下来，躲在妈妈的大衣里。

她抬起头来，看到一个陌生人在看着她的孩子们。她认出我了吗？

内皮亚斯转过身去，我记得那天早上，在最后一刻，她向我轻轻挥了挥手。

所以我，像个傻瓜一样，在等待着过去的时光回来。

她转过街角，双手搭在孩子们的肩上。

我失去了她。他们也是，我也失去了他们。

突然，我的书似乎变得很沉重，我的头也是。我看到了为了成为我自己而放弃的那一切。

人们只会记得以弗所的赫拉克利特吗？